www.edicionesinvasoras.com

Traducción del gallego: Carlos Labraña.
Maquetación: Julio Fer.

ISBN: 978-84-18885-81-5
DL ZA 32-2025

Libro editado con ayuda de la Fundación SGAE

ÍCARAS

Carlos Labraña

Premio
O Facho de teatro infantil 2022

Ilustracións
Mara Méndez García

ÍCARAS

PERSONAJES

Lía, niña de unos 11 años

Ana, estudiante universitaria

Encargado del McBurguer

ESPACIO ESCÉNICO

Un barrio a las afueras de una gran ciudad, con hileras de edificios descoloridos por el paso del tiempo. En una de sus calles, una farola alumbra de manera intermitente, como un faro que intenta guiarnos entre las primeras sombras de la noche. Enfrente, un local de la cadena McBurguer atrae todas las miradas con un llamativo letrero luminoso. Y al fondo, custodiado por un roble seco, hay un parque infantil con columpios.

Escena primera

Anochece. Lía llega cansada del colegio, va corriendo hasta el parque, deja la mochila encima de un banco y se sube a un columpio. Mientras se balancea canta la tabla del nueve.

LÍA

Nueve por uno es nueve,
el que no come se muere.

Nueve por dos dieciocho,
no tengo para bizcocho.

Nueve por tres veintisiete,
ya no me quedan billetes.

Nueve por cuatro treinta y seis,
si no miráis no me veis.

Nueve por cinco cuarenta y cinco,
yo sigo aquí y no me rindo.

Nueve por seis cincuenta y cuatro,
¿esto es real o es teatro?

Nueve por siete sesenta y tres,
aún debemos todo el mes.

Nueve por ocho setenta y dos,
para comer solo hay arroz.

Nueve por nueve ochenta y uno,
otra vez me toca ayuno.

Y nueve por diez noventa,
tienes que pagar la renta.

¡Por fin! Pensé que nunca conseguiría aprender la tabla del nueve.

Lía se baja del columpio y coge una maleta escondida en un agujero del viejo roble. Tirando de ella, se dirige hacia la farola. La maleta tiene una rueda rota y traquetea contra las baldosas de la acera componiendo una melodía hermosa, pero triste.

Cuando llega, coloca la maleta en el suelo como si fuese una mesa y se arrodilla a su lado. De la mochila saca un cuaderno y se pone a hacer los deberes.

Al poco tiempo, la luz comienza a temblar hasta apagarse. Lía se levanta y le da una patada a la farola, que se enciende de nuevo. No dura mucho, y aunque la golpea varias veces más, no consigue que vuelva a funcionar.

Como la falta de luz le impide seguir estudiando, angustiada, mira alrededor buscando otro lugar. Ve enfrente el McBurguer y no lo duda dos veces, con la maleta a rastras cruza la calle y se sienta debajo del cartel luminoso.

LÍA

(Mirando el cuaderno) Ahora unos problemas de fracciones y ya termino con los deberes de mates. *(Leyendo)* Si tengo una pizza y me como un cuarto, ¿qué me queda? ¡Hambre! ¡Mucha hambre! *(Lía pega la nariz al cristal del escaparate y mira a los clientes de la hamburguesería mientras comen. Luego juega a imaginar que es uno de ellos)* ¡Qué hamburguesa tan buena! Es carne de la mejor calidad. ¡Qué pan tan tostado! ¿No tendrá ketchup? Tráigame un poco, por favor.

Sin que Lía se dé cuenta, del local sale una chica vestida con el uniforme oficial del establecimiento: polo rojo, pantalón azul marino y una gorra amarilla con el símbolo de la empresa.

ANA

(Desde la puerta) ¡Eh, tú!

Lía está tan concentrada en el juego que no la oye, así que Ana la llama de nuevo.

ANA

(Gritando) Niiiña, ¿estás sorda o qué?

Lía se queda inmóvil.

ANA

(Acercándose) ¡Oye, no pases de mí!

LÍA

(Sorprendida) ¿Yo?

ANA

¡Quién va a ser! ¿Tú ves a alguien más por aquí?

LÍA

(Sorprendida) ¡Puedes verme!

Ana
Claro, ¿o acaso eres un fantasma?

Lía
Poca gente puede verme...

Ana
¡No digas tonterías!

Lía
¡Es cierto! Cuando voy por la calle, si alguien se tropieza conmigo no se disculpa. ¡Ni tan siquiera me mira! En el parque siempre juego sola. Aunque les pregunte a los otros niños si quieren jugar, no me contestan, actúan como si yo no existiese.

Ana
Pues ya ves que no. ¿Qué estás haciendo?

Lía
Estudiar.

Ana
(Extrañada) ¿Aquí? ¿En medio de la calle? ¡Venga, no me cuentes trolas!

Lía
Aprovecho para estudiar mientras espero.

Ana
¿A quién esperas?

Lía
A mamá.

Ana
¡Pues es mejor que te vayas a otro lado! Aquí no puedes estar.

Lía
¿Por qué? La calle es de todos.

Ana
Puede, pero el McBurguer no.

LÍA
¡Yo solo estoy haciendo los deberes! ¿Qué hay de malo en eso?

ANA
Entonces, ¿por qué pegas la cara al cristal y no dejas de mirar hacia dentro?

LÍA
Solo fue una miradita, sin querer.

ANA
¡Ya! ¡Cómo si no te hubiese visto yo! A los clientes no les gusta que los miren mientras comen y tú no les quitas el ojo de encima. Ya han ido a protestar y el encargado no está muy contento.

LÍA
¡Ah, perdona! No lo volveré a hacer.

ANA

Pues claro que no. *(Mirando hacia el cristal)* ¡Mira cómo has puesto el escaparate! Está lleno de huellas. Ahora me va a tocar limpiarlo a mí.

LÍA

No te preocupes, ya lo hago yo. *(Frota el cristal con la manga del jersey)* ¿Así está bien?

ANA

¡Deja, deja, que lo estás ensuciando más! ¿Y esa maleta? ¿Te vas de viaje con tu madre?

LÍA

Estamos de mudanza. Vamos a vivir en una casa blanca en las afueras. Es un poco pequeña, pero voy a tener mi propia habitación, con una ventana enorme para poder ver las estrellas por la noche.

Ana
¡Qué suerte tienes! Este barrio es muy triste, sobre todo para los niños. ¿Y dónde se ha metido tu madre?

Lía
Mamá ha hecho un primer viaje ella sola, porque no cabía todo en el coche de una vez. Y yo me he quedado aquí, esperándola.

Ana
¿Y cuándo va a venir a buscarte?

Lía
No creo que tarde mucho, ya hace un buen rato que se ha ido. Mientras, aprovecho para hacer los deberes porque mañana tengo que entregarlos, y si no empiezo ahora no me va a dar tiempo.

Ana
Bien, quédate, pero que no te vuelva a ver mirando hacia dentro, si no vas a tener que irte a otro lado.

Lía
¡De acuerdo!

Ana
Y por favor, ¡no toques más el cristal! Ya vendré yo a limpiarlo más tarde.

Lía
Está bien.

Ana vuelve a entrar.

Escena segunda

Lía continúa haciendo los deberes, pero cada vez tiene más hambre y no puede evitar que se le escape, de vez en cuando, alguna mirada más hacia dentro del local.

LÍA
(Para sí) Las hamburguesas que aparecen en los carteles tienen tan buena pinta... ¡Se me hace la boca agua! Si tuviese dinero me compraría una, pero estoy sin un céntimo.

Se escucha un grito desde la puerta.

ANA
¿Qué te he dicho? ¡No puedes seguir molestando a la clientela! ¿Te lo tengo que explicar en inglés?

LÍA
¡Yo no molesto a nadie! Solo estoy estudiando.

Ana
¡Con la cara pegada al cristal! Lo siento, tienes que irte. Ya te lo había advertido.

Lía
No puedo, aún no ha regresado mamá.

Ana
Ya es muy tarde. ¿Por qué no coges un autobús?

Lía
La casa nueva queda muy lejos y no sé cómo llegar. Pero mamá no va a tardar, ya lo verás.

Ana
Me da igual cuándo venga tu madre, tienes que apartarte de aquí ahora mismo. ¡Cruza a la otra acera, que allí no molestas!

Lía
Pero allí no hay luz, se ha fundido la bombilla de la farola.

Ana
¡Pues yo qué sé! Búscate otro escaparate.

Lía
¿Dónde? *(Mirando alrededor)* Cerca de aquí no hay ninguno más.

Ana
Tienes razón, con la crisis han cerrado casi todas las tiendas del barrio. Está todo tan mal...

Lía
Yo no puedo alejarme de aquí, si no mamá no va a encontrarme.

Ana
Pues no hagas los deberes hoy, por un día no va a pasar nada. Que tu madre te firme un justificante y listo.

Lía
¡Eso no vale! Si no entrego mañana los deberes hechos, me van a suspender las mates.

Ana
Pues ya las recuperarárás, ¡venga!

Lía
En casa no nos sobra el dinero. Si quiero ir a la universidad, tengo que sacar muy buenas notas para que me den una beca. Y como empiece a suspender, no la voy a conseguir.

Ana
¿Cuántos años tienes?

Lía
Once.

Ana
¡Bah! Para ir a la universidad aún te falta mucho. *(Apartando la maleta)* Ahora tienes que irte de aquí, por favor.

Lía
¿Qué haces con mi maleta?

Ana
Solo la estoy apartando un poco para que no se vea desde dentro.

Lía
(Agarrándola) ¡Déjala, es mía!

Ana
¡De eso nada!

Cada una tira para su lado y, con el forcejeo, la maleta se abre y caen al suelo las pocas pertenencias que Lía lleva dentro.

Lía
(Lloriqueando) ¡Mira lo que has hecho!

Ana
¡Lo siento! Ha sido sin querer.

Lía
¡Eres mala! ¡Muy mala!

Ana
¡No te pongas así! Yo solo hago lo que me mandan. ¿Te ayudo a recoger tus cosas?

Lía
¡No toques nada!

Ana
¡Venga! Entre las dos terminamos enseguida.

Lía no le hace caso y mete todo de forma apresurada en la maleta.

Lía
¡No encuentro mi bola de nieve del pájaro azul!

Ana
Está detrás de ti.
(Se la da) Toma.

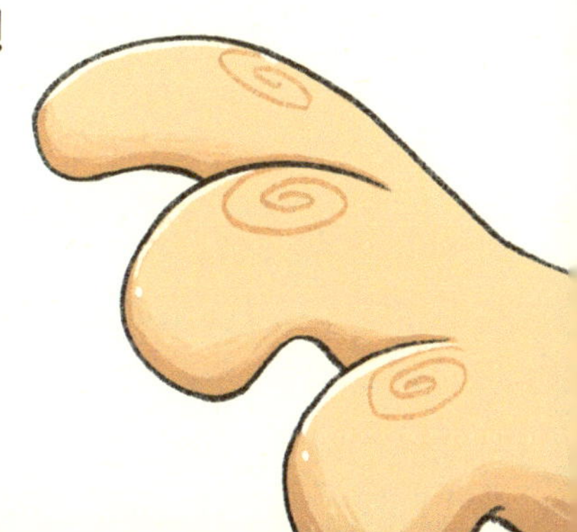

Lía
(Guardándola también) ¡Gracias!

Ana
Ahora tienes que apartarte. *(Seria)* ¡Y no quiero que te acerques otra vez al local! Me vas a traer más problemas de los que ya tengo.

Lía hace como si cruzara la calle, pero en cuanto Ana entra en el local, vuelve atrás.
Ana, que la ve desde el interior, se asoma de nuevo, así que Lía disimula.
Repiten el juego una o dos veces más hasta que Ana, cansada, va corriendo tras la niña y la agarra.

Lía
¡Déjame, no me toques!

Ana
¡Trae la maleta! La voy a llevar yo al otro lado.

Lía
¡La maleta es mía!

ANA
Pues aquí no puedes estar.

LÍA
¡Como no me sueltes, me pongo a gritar que me estás secuestrando!

ANA
¡No digas chorradas! ¿Quién iba a creerte?

LÍA
Toda la gente que ha visto cómo me agarrabas.

ANA
¿No ves que en el barrio todo el mundo me conoce? Trabajo aquí.

LÍA
¡Tú sabrás! Prueba y ya veremos qué pasa.

ANA
Además, ¿no eras invisible?

Lía
¡Pero no muda!

Ana
Ya estoy harta de ti. ¡Fuera!

Lía
(Chillando) ¡Socorro! ¡Socorro!

Ana
¡Shisss! ¡Cállate!

Lía
¡Socorro! ¡Me quieren secuestrar!

Ana
¡Cállate de una vez! *(Soltándola)* ¡Está bien! Has ganado. Pero esto no se va a quedar así. Voy a avisar al encargado, él sabrá qué hacer. Y ya te advierto que no es muy simpático cuando está enfadado.

Lía
¡Avisa a quién quieras! Pero yo no me muevo de aquí.

ANA
Eso ya lo veremos.

Ana entra en la hamburguesería y Lía vuelve a colocar la maleta debajo de la luz del cartel. Continúa estudiando.

Escena tercera

Ana regresa poco después trayendo en las manos una caja de cartón con un menú del McBurguer. Parece mucho más amable.

ANA
¡Holaaa!

LÍA
¡Oh, no! Tú otra vez. ¡Déjame en paz, por favor!

ANA
Antes no nos presentamos, ¿cómo te llamas?

LÍA
Lía

ANA
¡Encantada! Yo soy Ana. Además de trabajar aquí por las tardes, yo también estudio como tú. Quiero ser cirujana, para curar a la gente. ¿Tú qué quieres ser de mayor?

Lía
¡Yo voy a ser inventora! Quiero fabricar máquinas para que las personas no sufran. ¡Tengo muchas ideas! He diseñado un casco antipesadillas para los que duermen mal. Se pone en la cabeza cuando uno se va a la cama, con mucho cuidado para no aplastarlo contra la almohada, y transforma hasta la pesadilla más terrorífica en un sueño maravilloso. ¿Qué te parece?

Ana
¡Me gusta mucho tu idea! Con ese casco vas a acabar con el insomnio. ¡Te vas a hacer famosa!

Lía
¿De verdad?

Ana
¡Por supuesto! Podríamos trabajar juntas. Si tú inventas máquinas para curar enfermedades, yo después puedo emplearlas en el hospital.

Lía
(Emocionada) Síií, juntas podríamos salvar muchas vidas. Pero para eso tengo que estudiar mucho. ¡Y tú también!

Ana
Tienes razón. *(Mirando el móvil)* ¡Qué tarde es! ¿Le faltará mucho a tu madre?

Lía
Imagino que está a punto de llegar.

Ana
Ya casi es hora de cenar. ¿No tienes hambre?

Lía
¡Y tanto!

Ana
¿No te apetecería comer una hamburguesa?

Lía
Vaya si me apetece, pero no tengo dinero para comprarla.

Ana
No te preocupes, he hablado con el encargado y me ha dicho que si te retiras un poco del escaparate, te invita a un menú infantil.

Lía
¡Tengo muchísima hambre! Podría hacer cualquier cosa para comer algo.

Ana
Pues si te vas al parque y te quedas allí... *(le muestra teatralmente la caja con la hamburguesa)* un fabuloso menú infantil de McBurguer puede ser tuyo.

Lía
¿De verdad?

Ana
¡Claro! ¿Qué te parece? ¿Hay trato?

Lía
¡Sííí!

Ana
Entonces, ¿te ayudo a mover la maleta?

Lía
¡No hace falta, ya puedo yo con ella!

Ana
¡Pues venga!

Lía coge la maleta y sigue a Ana hasta el parque.

Ana
Toma, lo prometido es deuda.

Lía
¡Muchas gracias! *(Contenta)* No eres tan mala como pensaba.

Ana
Se las tienes que dar a McBurguer, la mejor hamburguesería del mundo. ¡Buen provecho!

Lía
¡Gracias!

Lía abre la caja y, poco a poco, saca una hamburguesa, un paquete de patatas fritas, un yogur y un muñeco. Deja todo en el banco bien ordenado y a continuación coge la hamburguesa y empieza a comerla.

Lía
¡Qué pequeña es esta hamburguesa! No se parece a la de las fotos.

Ana
Porque es la que corresponde al menú infantil. El tamaño es el recomendado por nuestros mejores nutricionistas, que solo piensan en una alimentación sana y responsable para las niñas y los niños.

Lía
Si tú lo dices...

Lía devora la hamburguesa en dos bocados y después come más lentamente las patatas fritas.

Ana
¡No comas tan rápido que te vas a atragantar!

Lía
¿Me abres el yogur?

Ana
Toma.

Lía
¡Ummm...! *(Triste)* Ya he acabado.

Ana
¿Estaba todo bueno?

Lía
¡Buenísimo! Pero me he quedado con un poco de hambre.

Ana
¡Así está bien! Ya sabes que no se debe cenar mucho, que luego se tienen pesadillas y todavía no has inventado el casco. *(Ríe)* Ahora puedes jugar con el muñeco. Yo tengo que volver al trabajo, si no el encargado me va reñir de veras.

Lía
¡Hasta luego! Y gracias por la cena.

Ana
¡De nada!

Ana se va, pero se percata de que ya es noche cerrada y le da miedo dejar a Lía sola en el parque, así que regresa.

Ana
¿Tu madre va a tardar mucho?

Lía
No lo sé. Tú vete a trabajar, que yo aquí estoy bien.

Ana
Me da un poco de miedo dejarte aquí sola, pero no sé qué más puedo hacer... Si fuese por mí, esperabas dentro del local, pero el encargado no te va a dejar entrar.

Lía
No te preocupes, me quedo aquí jugando con el muñeco.

Ana
¿Estás segura?

Lía
¡Sí!

Ana
Tengo que entrar, ya he estado fuera demasiado rato y el encargado me está vigilando. Si quieres algo, avisa. ¿De acuerdo?

Lía
¡De acuerdo!

Ana
¡Adiós!

Ana entra en la hamburguesería.

2x1

Escena cuarta

Lía se queda jugando un rato con el muñeco hasta que se aburre. Después, saca un libro de la mochila e intenta leer. Como no tiene suficiente luz, se va aproximando sigilosamente al local hasta sentarse debajo del cartel luminoso. Ana no tarda en salir enfadada.

Ana
¡Pero vuelves a estar aquí, Lía! ¿En qué habíamos quedado?

Lía
Me cansé de jugar y me puse a leer.

Ana
Habíamos hecho un trato. Y los tratos son para cumplirlos.

Lía
Pero...

Ana
¡Menuda bronca me ha echado el encargado!

Lía
¿Por mi culpa?

Ana
Sí. Me dijo que no quería volver a verte en el escaparate. Que si no conseguía que te fueras, excusaba volver.

Lía
¡Yo no quiero que te quedes sin trabajo! Cuando mi madre perdió el suyo, lo pasamos muy mal en casa.

Ana
Pues ya sabes lo que tienes que hacer.

Lía
No te preocupes por mí, me voy y no vuelvo.

ANA
Estoy un poco intranquila. ¿Dónde se habrá metido tu madre?

LÍA
Es que está haciendo la mudanza ella sola.

ANA
¿Quieres que la llame por teléfono?

LÍA
¡Nooo! No hace falta.

ANA
No te puede dejar aquí sola a estas horas. *(Sacando el móvil del bolsillo)* ¡Dame su número!

LÍA
No lo sé.

ANA
¡Cómo que no lo sabes! ¿No te ha enseñado su número de móvil para un caso de emergencia?

Lía
Sí, pero no lo recuerdo muy bien.

Ana
Inténtalo.

Lía
Creo que era el 619 12...09...45

Ana
619 12

Lía
09...45

Ana
¡A ver!

Lía
(Ansiosa) ¿Contesta?

Ana
Espera un momento, está dando la señal de llamada.

Lía
Seguramente no conteste. Está muy liada.

Ana
¡Shisss! ¡Cállate! *(Se escucha un sonido enlatado)* "Este número tiene temporalmente restringidas las llamadas".

Lía
Ves, ¿qué te decía yo?

Ana
Eso es que tiene alguna factura sin pagar. A mí ya me ha pasado alguna vez.

Lía
A lo mejor es eso...

Ana
Ya es muy tarde, ¿dónde se metería tu madre? Lía, ¿me estás contando toda la verdad?

Lía
¡Síií...! Entra ya, Ana, no quiero que tengas más problemas por mi culpa.

Ana
¿Estás segura?

Lía
Por supuesto.

Ana
Avísame cuando venga a recogerte, que no me quedo tranquila.

Lía
¡Vale!

Escena quinta

En cuanto Ana entra en el local, Lía vuelve al parque, coge un poco de agua de la fuente, se lava los dientes con los dedos, abre la maleta y se mete dentro. Ana, que la ve, sale corriendo hacia a ella.

ANA
Lía, ¿qué estás haciendo?

LÍA
Quería dormir un poco, mañana tengo que madrugar para ir al cole.

ANA
¿Vas a dormir dentro de la maleta? ¡No me has dicho la verdad!

LÍA
Sí, estoy esperando a que vuelva mamá, pero estoy muy cansada.

Ana
¡No me mientas más! ¿Dónde está?

Lía
No lo sé... Se fue y me dejó aquí.

Ana
(Atónita) ¿Pero vives sola en la calle?

Lía
Tú no lo entiendes ¡Nadie lo entiende! *(Gritando)* ¡Dejadme en paz!

Ana
¿Qué es lo que tengo que entender?

Lía
Mamá perdió el trabajo y ya no podíamos pagar las facturas a fin de mes. Empezaron a cortar el agua, la luz... y un día llegó la policía para echarnos del piso. No era la primera vez que venían, pero por su cara me di cuenta de que esa vez era diferente.

Ella se encerró en su habitación, pero a mí no me dejó entrar. Así que corrí a esconderme dentro de un armario. No tardó en entrar la policía montando un gran escándalo. Oí golpes, gritos y finalmente todo se quedó en silencio.
Entonces salí de mi escondite y fui de puntillas hacia la habitación de mamá, pero no había nadie. ¡Se la habían llevado! Me sentía tan sola... Así que cogí la maleta y fui al parque a esperar que viniese a buscarme. Pero ella nunca regresó.

ANA
¿Cuándo ocurrió eso?

LÍA
No lo recuerdo bien, hace ya unos cuantos meses.

ANA
¡Qué dices! ¿Y nadie ha descubierto aún que vives sola en la calle?

Lía
Ya te he dicho que me he vuelto invisible, como un fantasma. Las personas pasan a mi lado, pero no me ven. Nadie me habla, nadie pregunta por mí, como si yo nunca hubiese existido... Hasta que tú te acercaste.

Ana
¿Y en el colegio no se han dado cuenta de nada?

Lía
¡Me ocupo bien de que no se enteren! Nunca falto a clase y soy la primera en llegar y la última en marcharme. Estudio mucho y hago siempre los deberes para que no tengan que llamar a casa, no vayan a descubrirme.

Ana
¿Y cómo te las arreglas para comer?

Lía
En el colegio me dan el desayuno y la comida. Cenar, ceno pocas veces. Cuando tengo mucha hambre, rebusco algo entre la basura. ¡No sabes cuántas cosas buenas tira la gente! Sobre todo en los supermercados, ahí siempre hay algo que se puede aprovechar.

Ana
¡Pero así no puedes vivir!

Lía
¡Sí que puedo! Estoy muy bien. Solo es provisional, hasta que acabe de estudiar y gane dinero. Entonces podré alquilar una casa para que mamá vuelva conmigo y podamos vivir las dos juntas otra vez.

Ana
Para eso aún falta mucho.

Lía
¡Tienes razón! Tengo que pensar en algo. ¡Ya sé! ¿No podría trabajar contigo en el McBurguer? Haciendo cualquier cosa: recoger las mesas, sacar la basura, lo que sea...

Ana
Todavía eres muy joven para trabajar. Vamos a tener que llamar a los servicios sociales, una niña de tu edad no puede vivir sola en la calle.

Lía
¡No! No lo hagas, por favor, si no me mandarán a un centro de menores. Y si me voy de aquí, cuando regrese mamá no sabrá donde encontrarme.

Ana
¿Y tú padre?

Lía
Murió cuando yo era una niña. Apenas me acuerdo de él.

Ana
Pero tendrás más familia, ¿verdad? Abuelos, tíos...

Lía
Sí, pero viven al otro lado del océano, en un país lleno de luz y color. *(Se le ilumina la cara)* Allí los pájaros son de muchos colores diferentes y cuando vuelan todos juntos parecen el arco iris flotando en el cielo.

Ana
Hay que hacer algo, pero ahora mismo no se me ocurre nada.

Del McBurguer asoma el encargado vestido con el uniforme de la cadena, pero con una gran hamburguesa de gomaespuma en la cabeza. Lía se esconde dentro de la maleta.

Encargado
¡Ana, Anaaa....!

Ana
¡Quéééé! No grites que ya voy.

Encargado
¿Dónde estabas? Has dejado el local sin servicio, mira la cola que se ha formado en la barra.

Ana
Tenía una llamada.

Encargado
¡Cómo...! ¡Una llamada! ¿Cuántas veces hemos hablado de tus llamadas?

Ana
Muchas, lo sé. Pero esta era muy importante.

Encargado
(Serio) Entra, tengo que hablar contigo.

Ana
¡Voooy! *(A Lía)* Tengo que entrar. Cuando acabe el turno pensaremos algo entre las dos.

Lía
¡Está bien! Pero no se lo digas a nadie, no quiero que me lleven de aquí.

Ana
Ya hablaremos. *(Resoplando)* ¡Qué lío!

El encargado entra y Ana va tras él.

Escena sexta

Lía entreabre la maleta y, cuando comprueba que el encargado se ha ido, sale. Ana tenía razón, una hamburguesa habladora da mucho miedo. Piensa que si hubiese estado su madre para protegerla, no tendría que esconderse nunca más. Alza la mirada hacia su antigua casa y ve luz, pero no es la misma luz que alumbraba cuando ella vivía allí. En la lejanía, un grupo de niñas y niños empiezan a cantar. Lía se tapa los oídos para no escucharlos.

Coro de voces

Lía es muy pobre,
no tiene dónde vivir,
va por la calle pidiendo
que no la echen de aquí.

No tiene dónde vivir,
no tiene dónde vivir,
Lía es muy pobre,
que se vaya a su país.

Sale Ana despotricando contra el encargado.

ANA
¡No me lo puedo creer!

LÍA
¿Qué ha pasado?

ANA
Me ha despedido. ¡Con todo lo que me he esforzado este tiempo! He trabajado a destajo, incluso haciendo horas extras sin cobrarlas. ¡Y así me lo agradece!

LÍA
No te preocupes, seguramente vas a encontrar pronto otro trabajo.

ANA
Las cosas están mal, Lía. Hay mucho paro, sobre todo entre los más jóvenes.

LÍA
¿Es tan grave?

ANA
¡Lo es! Si no encuentro nada, voy a tener que dejar de estudiar.

LÍA
¡Venga, eh! No te pongas triste. ¡Mañana lo verás todo mejor!

ANA
Eso es lo que siempre se dice, pero no es cierto. ¡Voy a acabar viviendo en la calle como tú!

Lía se entristece.

ANA
Lo siento, no he querido decir eso.

LÍA
Ya lo sé.

ANA
Ahora hay que pensar qué hacemos contigo.

Lía
¡No te preocupes por mí! Tú ya tienes suficientes problemas. Yo me las arreglo sola.

Ana
¡No digas tonterías! Hay que pensar en algo, no puedes seguir viviendo en la calle.

Lía
¿Sabes dónde vivía yo antes?

Ana
¿Dónde?

Lía
(Señalando) En el último piso de ese edificio. ¿Ves la ventana que hace esquina?

Ana
¿La que tiene luz?

Lía
Sí, esa era mi habitación. Mi madre, que pinta muy bien, me dibujó en las paredes una selva como las que hay en el país donde ella nació. Con muchos árboles y un montón de animales. Había un oso perezoso que siempre estaba durmiendo, un tucán parlanchín que se pasaba el día protestando y un jaguar muy mandón que ponía orden en todo aquel jaleo.

Ana
¡Vaya suerte! ¡Qué bien lo debías de pasar con tantos amigos!

Lía
¡Sí, los echo tanto de menos! Unos días después de que sucediese todo, como aún tenía llave, decidí volver para verlos.
Subí silenciosa por las escaleras para no encontrarme con ningún vecino. Cuando llegué a la puerta estaba muy nerviosa y me dieron ganas de irme,

pero respiré hondo para tranquilizarme y la abrí.
Con la luz de la luna que entraba por las ventanas pude ver que habían vaciado el piso, excepto unas bolsas de basura esparcidas por el suelo. Había tanto silencio, que no me atrevía a entrar...

Ana
Las casas deshabitadas dan un poco de miedo porque les falta el aliento de vida que les damos las personas.

Lía
Aun así, me acerqué a ver a mis amigos. ¡Se habían marchado! La pared estaba completamente blanca. ¡Seguro que mi madre se los había llevado con ella a la selva! ¿Y por qué me había dejado a mí? Me enfadé tanto que tiré la llave al suelo y me fui. No quería volver allí nunca más.

Ana
¡Le habrían dado una mano de pintura a la pared, Lía! Solo eso.

Lía
No, más tarde lo entendí. Mi madre lo tenía todo pensado. Primero iba a devolver los animales a la selva. En una ciudad no se podrían valer por sí mismos y acabarían por encerrarlos en un zoo. Y luego vendría a buscarme.
Por eso yo vigilaba el piso todo el tiempo que podía. Una noche vi luz y lo primero que pensé fue que mamá había vuelto.

¡Mamá había vuelto! Me puse tan nerviosa que no podía ni hablar. ¡No podía gritar para decirle que estaba allí! Seguro que me estaba esperando con una taza de leche caliente y mis galletas preferidas.
Así que fui corriendo hasta el portal y timbré. ¡En todos los pisos! Se formó un lío de voces y se abrió la puerta. Subí escaleras arriba hasta quedarme sin aliento. Tropecé y me caí.

ANA
¿Te hiciste daño?

Lía
¡No fue nada! Me levanté enseguida y corrí escaleras arriba otra vez. Cuando estaba delante de la puerta, grité: "¡Mamá! ¡Mamá! ¡Soy Lía! ¡Estoy aquí!" Pero cuando se abrió la puerta no apareció mi madre, sino una niña de mi edad. Nos quedamos las dos mirándonos en silencio hasta que se oyó una voz desde el interior: "Sofía, ¿quién es?" Yo corrí escaleras abajo a toda prisa hasta lograr salir del edificio y me escondí en la maleta... hasta hoy.

Ana abraza a Lía, que se echa a llorar.

Ana
¡No llores, Lía! Esto pasará.

Lía
¡Apártate! Estoy bien.

Ana
No, no estás bien.

Lía

Muchas veces cuando vuelvo del cole y veo luz en mi casa se me pone un nudo en el estómago. No puedo dejar de pensar que en mi cuarto duerme una niña que no soy yo. ¿Qué juguetes guardará en el baúl? ¿Qué libros tendrá en las estanterías? ¿Qué sueños palpitarán en su corazón? Deseo contarle que antes allí había una selva llena de luz y color en la que vivían unos animales maravillosos. Quizás algún día me atreva a hacerlo.

Ana

No pienses más en eso. Ahí ya no queda nada tuyo. Solo los recuerdos, pero ellos viajarán siempre contigo. Hoy te quedas en mi casa y mañana ya buscaremos a tu madre.

Lía

¡No me puedo marchar! Si no cuando regrese, ¿cómo va a encontrarme?

Ana
¡Pero si ya no vivís aquí!

Lía
Este es el lugar donde me dejó. ¡De aquí no me muevo!

Ana
¡No seas terca, Lía! Quizás le pasó algo, por eso no ha vuelto.

Lía
¡Voló a su país! Pero está tan lejos que va a tardar mucho en regresar.

Ana
¿Qué te dijo antes de marcharse? ¿Se despidió de ti?

Lía
Los días antes de que nos echasen de casa estaba muy nerviosa, pero intentaba disimular para que yo no me enterase. Me decía que íbamos a ir a un lugar mejor, donde nadie nos podría hacer daño. Cruzaríamos el mar volando, como Ícaro.

Ana
Ícaro, ¿el hombre que quiso compararse a Zeus y fabricó unas alas para volar hasta el sol?

Lía
¡El mismo! Pero tú no sabes contar bien la historia, mamá sí que sabía.

Ana
¿Y entonces cómo es?

Lía
Ícaro era hijo de Dédalo, el arquitecto que construyó el laberinto de Creta. Para que Dédalo no revelase sus secretos, el rey de la isla no lo dejaba marchar. Así que pensó y pensó como podría hacer, hasta que se le ocurrió fabricar unas alas con plumas de pájaro para él y para su hijo. Y un día subieron a la torre más alta del palacio y se pusieron a batir las alas hasta que se echaron a volar.

ANA
¿Y consiguieron escapar?

LÍA
Sí, pero como las plumas estaban pegadas con cera, Dédalo le dijo a su hijo que no volase demasiado alto para que el calor del sol no la derritiese. Pero Ícaro, que era un soñador, no le hizo caso y subió, y subió... Y cuando se quiso dar cuenta ya apenas tenía plumas que lo sostuviesen. Entonces, se cayó a plomo y se perdió para siempre entre la espuma del mar.

ANA
¿Y qué fue del padre?

LÍA
Dédalo continuo el viaje y llegó sano y salvo a su destino, pero nunca olvidó a su hijo... *(Pausa)* ¿Quieres saber un secreto? Shisss... Pero no se lo puedes contar a nadie.

Ana
¡Dime!

Lía
Mi madre hizo unas alas para ella y otras para mí. ¡Unas alas para volar de verdad! Decía que íbamos a planear en el viento, como los pájaros.

Ana
¿Unas alas con plumas de verdad?

Lía
Nooo, que no teníamos, las hizo con cartón. Aún las guardo en la maleta. ¿Quieres verlas?

Ana
¡Claro!

Lía
Bueno, pero ten cuidado de no estropearlas.

Lía abre la maleta y saca las alas dobladas y un poco rotas.

ANA
¡Oh, qué bonitas! Con las plumas pintadas de colores.

LÍA
¡Vaya, están rotas! Debieron de romperse cuando tiraste la maleta al suelo. *(Lloriqueando)* ¡Ahora ya no voy a poder volar!

ANA
No te preocupes, se pueden arreglar.

LÍA
(Acabando de romperlas) ¡Qué va! ¡Ya no sirven para nada!

ANA
(Recogiendo los trozos) Si quieres te hago unas nuevas.

LÍA
¡Tú no sabes hacer alas!

ANA
¡Claro que sé! Ya verás.

Ana
Primero hay que dibujarlas. ¿No tendrás un rotulador por ahí?

Lía
(Abriendo la mochila) Tengo un lápiz, una caja de ceras y unas tijeras de la escuela, ¿servirán?

Ana
¡Estás bien equipada! Con unas ceras será suficiente. ¿Quieres dibujarlas tú?

Lía
No sé si sabré hacerlas.

Ana
Prueba, si no lo intentas nunca lo sabrás. Así, mientras, yo voy dibujando las mías.

Lía
¡De acuerdo!

Mientras dibujan las alas, Lía tatarea una melodía.

Ana

¡Qué canción tan bonita! Nunca la había oído.

Lía

Es de la tierra de mi madre. ¿Quieres que te la cante?

Ana

¡Por supuesto!

Lía

Vai, Azulão, companheiro, vai!
(¡Ve, Azulón, compañero, ve!)
Vai ver minha namorada.
(Ve a ver a mi enamorada.)
Diz que sem ella
(¡Dile que sin ella)
o día não é mais que um día!
(el día no es más que un día!)
Ai! Võa Azulão!
(¡Venga, vuela Azulón!)
Vai ver minha namorada.
(Ve a ver a mi enamorada.)

ANA
Azulão es un pájaro, ¿verdad?

LÍA
Es el pájaro más azul que existe, pero es muy difícil verlo volar porque sus plumas se confunden con el color del cielo.

ANA
Es el que tienes en la bola de nieve que he cogido antes, ¿verdad? *(Lía asiente)* ¿De qué trata la canción?

LÍA
Un chico abandonado por su novia le pide a un *azulão* que vuele junto a ella para decirle que la tierra donde vivieron juntos ya no es la misma sin ella.

ANA
¿Y qué le contesta la chica?

LÍA
Eso no lo dice la canción. Pero yo pienso que si ella decidió volar sola, ahora no va a volver atrás.

Ana
Yo también lo creo...

Lía
Si yo tuviese un amigo pájaro le pediría que cruzase el océano para avisar a mi madre. *Vai, Azulão,...*

Ana
... *Azulão,...*

Lía y Ana
... companheiro, vai!

Ana y Lía cantan juntas mientras dibujan.

Lía
¡Ya he terminado mis alas! *(Mostrándoselas a Ana)* ¿Qué tal han quedado?

Ana
¡Muy bien! Tienes buen pulso.

Lía
¡Gracias!

Ana

Yo también las he terminado. Ahora vamos a recortarlas.

Lía

(Probando) Yo no voy a poder, el cartón está muy duro.

Ana

¡Déjalo, que ya lo hago yo!

Ana recorta las alas bajo la atenta mirada de la niña.

Lía

¡Despacio, que te sales de la línea!

Ana

¡Tranquila, fíate de mí!

Lía

Si ya me fío, ¡pero es que vas muy rápido!

Ana

¡No hay tiempo que perder!

Lía

¡Pero hay que hacerlo con mucho cuidado! Las alas tienen que quedar perfectas para poder volar a mucha velocidad. Quiero llegar lo antes posible junto a mamá.

Ana

No te preocupes. ¡Listas! *(Se las da)* ¿Qué te parecen?

Lía

¡Son preciosas!

Ana

¡Me alegro de que te gusten!

Lía

¿Pero cómo las vamos a sujetar a los brazos?

Ana

Déjame pensar... Tengo unas cintas del pelo en el bolso.

Ana saca del bolso unas cintas del pelo y le coloca las alas a Lía.

Lía

(Saltando) ¡Tengo unas alas nuevas! ¡Tengo unas alas nuevas!

Ana

Yo voy a recortar las mías y luego podremos volar.

Lía

Antes hay que probarlas. ¿Subimos al tejado de un edificio?

Ana
¡Calma! Será mejor empezar desde un lugar un poco más bajo.

Lía
¡Tienes razón! ¿Desde dónde?

Ana
¿Por qué no subes al banco?

Lía se pone de pie en el banco y comienza a agitar sus alas.

Lía
Voy a saltar. A la de una, a la de dos...

Ana
Espera, Lía, primero cierra los ojos e imagina que vuelas.

Lía
Tienes razón. Uuu... estoy subiendo.

Ana
¿Qué ves?

Lía
Unas montañas gigantescas. ¡Están completamente nevadas!

Ana
¡Ten cuidado de no chocar contra las cimas! Son muy afiladas y te pueden hacer daño.

Lía
¡Sigo subiendo! Ya me falta poco para llegar a las nubes. Están húmedas. Ufff...., estoy tiritando de frío.

Ana
¡Venga, Lía, vuela! ¡Vuela mucho más arriba! Pero no te acerques al sol para que no te pase como a Ícaro.

Lía
¡No veo nada! Ahora sí... El universo. ¡Es infinito! Hay millones y millones de estrellas. ¡Cuánto silencio...!

Ana
¡Anda, regresa, no vayas a perderte en el espacio profundo!

Lía
¡Voy a bajar planeando!

Lía salta del banco hasta el suelo.

Lía
¡He volado, Ana! ¡He volado!

Ana
¡Sí, Lía!

Lía
¿Entonces ya estoy preparada para ir a buscar a mi mamá?

Ana
¡Aún tienes que practicar un poco más!

Lía
No puedo esperar. ¡Tengo muchas ganas de verla!

ANA
Además, no sabes adónde ha ido. ¿Cómo te vas a orientar? ¡El cielo es tan grande!

LÍA
Seguro que cuando esté volando sabré como llegar, como los pájaros que migran todos los años cuando llega el frío.

ANA
¿Tu madre no te dejó alguna nota?

LÍA
¡No! Ya te he contado que cuando llegó la policía, se encerró en su cuarto y no me dejó entrar. Escondida en el armario, escuché como tiraban su puerta abajo y oí que un agente chillaba que no lo hiciese.

ANA
(Seria) ¿Que no hiciese el qué?

Lía
¡Volar!

Ana
¿Volooó...? ¿Tu madre voló?

Lía
¡Claro! Mi madre podía volar, pero yo aún no sabía, por eso no pudo llevarme con ella. Me está esperando en la selva con todos mis amigos. Ahora que tengo unas alas nuevas y tú me has enseñado a volar, puedo ir junto a ella ¡Tengo que subir al tejado!

Ana
(Comprendiéndolo todo) Lo siento, Lía. Pero tu madre no va a volver... ni tú puedes ir adonde está ella.

Lía
¿Por qué dices eso?

Ana
Tu madre no se ha ido a ningún lugar, ¿verdad?

Lía
¡Estás mintiendo! *(Gritando)* ¿Por qué mientes?

Ana
No miento y tú también lo sabes...

Lía
¿Lo sé? ¿Qué sé?

Ana
(Abrazándola) Os iban a echar de casa y no ibais a tener donde vivir. No aguantó la situación...

Lía
No es cierto...

Ana
Por eso no te llevó con ella.

Lía
¡Mamá nunca me abandonaría!

Ana
Lía, tú aún eres una niña. Tienes toda la vida por delante. Seguro que tu madre pensó que alguien te acogería y tendrías una oportunidad que ella no podía ofrecerte.

Lía
Yo quiero irme con mamá, ¡esté donde esté!

Ana
No, Lía, tienes que crecer para hacerte una mujer fuerte. Así podrás ayudar a todos los que se encuentren en tu situación e impedir que los vuelvan invisibles como han hecho contigo.

Lía
Pero eso es muy difícil. Yo sola no podré.

Ana
¡Yo te ayudaré!

LÍA
¡No será suficiente!

ANA
Pues iremos en busca de otras personas que nos quieran echar una mano.

Se abrazan las dos.

LÍA
¿Y ahora qué será de mí?

ANA
Vas a venir conmigo, ya veremos cómo nos las arreglamos.

LÍA
¿Puedo llevar mis cosas?

ANA
¡Claro!

LÍA
¿Y qué haremos...?

Ana le da la mano a Lía,
se acercan al borde del escenario,
quedan un instante paradas,
mirándose,
baten fuerte sus alas y...
¡¡¡echan a volar!!!

Carlos Labraña

Dramaturgo gallego especializado en el teatro para niñas y niños. Ha ganado numerosos premios en este ámbito como el Certamen Xeración Nós, O Facho o el Premio Estornela de Teatro Infantil. En sus últimas obras da un giro a temas más sociales y reivindicativos, como son: La Valla *(Premio Manuel María, 2016), sobre el drama de los refugiados;* Moito Morro Corporation Sociedad Ilimitada *(Premio de Teatro en la Gala do Libro Galego, 2017), una crítica sobre la crisis económica; o* Mambrú volvió de la guerra *(Premio SGAE Teatro Infantil 2022).*

Mara Méndez

Desde muy pequeña, Mara Méndez ya andaba rodeada de libros y lápices.
Estudió Libro ilustrado y Cómic en la escuela O Garaxe Hermético.
Al acabar sus estudios empezó a trabajar como ilustradora participando en varios proyectos de cómic: Florencio, A Illa de San Simon, As 9 cruces, Trim Season NYCC Ashcan...
Y también ilustrando libros como: Varetai Protectora de espíritos, O Violino de Luísa, Ícaras...

Este libro se terminó de imprimir
en abril de 2025